HENRI V,

LOUIS-PHILIPPE

ET LA RÉPUBLIQUE.

Imprimerie de Marie ESCUDIER,
Rue St-Rome, n° 26.

HENRI V, LOUIS-PHILIPPE ET LA RÉPUBLIQUE,

OU

ESSAI SUR LE SCHISME POLITIQUE EN FRANCE;

PAR M. NOUZIÈRES.

A Toulouse,

CHEZ MARIE ESCUDIER, LIBRAIRE,

RUE ST-ROME, N° 26.

1834.

HENRI V,

LOUIS-PHILIPPE

ET LA RÉPUBLIQUE.

Depuis long-temps une grande lutte se prolonge parmi les Français. Toujours ardente, souvent ensanglantée, les années semblent passer sans l'affaiblir. Les uns, zélateurs inébranlables d'un vieux culte, fidèles serviteurs d'anciens rois que l'exil reçoit et rend tour à tour, s'attachent à leurs princes avec un amour toujours plus vif, une ardeur que la séparation redouble : ils sont royalistes. Les autres, plus épris des charmes de la liberté, lui transportent et leurs cœurs et leurs adorations : ils sont libéraux. Ce n'est pas, toutefois, que chaque camp rejette la divinité du camp ennemi ; chacun veut seulement faire dominer son idole.

Les rois s'en vont, s'est écrié un célèbre personnage, la tristesse dans l'ame et dans l'accent de la voix. Ce qui se passe autour de nous, ne répond point à cette lamentable prédiction du désolé Jérémie : jetez les yeux de toutes parts. Ici, l'on se presse autour de Louis-Philippe ; là, on se cramponne au vieux manteau de Charles X. Devant un jeune orphelin est toute une foule à genoux ; le tombeau du duc de Reichstadt s'est abreuvé des larmes de ses serviteurs, et le duc d'Orléans compte des amis. Modèles de constance, quelques-uns suivent encore le pennon pâle et rapé du héros du Trocadéro, Demi-Dieu dont les temples, naguère si fréquentés, sont devenus presque déserts ; d'autres se rangent amoureusement sous la bannière de Marie-Thérèse, mauvais chevaliers de la loi salique depuis qu'elle est en désarroi de l'autre côté des Pyrénées. Il en est qui vont demandant partout avec inquiétude le duc de Normandie. Joseph Napoléon n'est point sans sujets, ni Lucien, ni Louis, ni Jérôme. En un mot, nous comptons autant de monarques qu'il y a de rejetons nombreux dans la descendance bifurquée de Hugues Capet, et dans la famille de la féconde Lœtitia. Non, les rois ne s'en vont pas : prophète de malheur, votre oracle a menti. Néanmoins, n'y aurait-il pas quelque vérité dans cette fatidique parole ! Les rois sont-ils bien ce qu'ils furent ? Les reconnaît-on encore pour des dieux, *dii estis*, et partagent-ils avec le roi du ciel l'hommage et l'encens des hommes ? Tremblante et prosternée, la terre est-elle attentive au moindre signe de leur tête, et le Très-Haut répand-il sur eux sa puissance avec sa majesté ? Oui vraiment, les rois s'en vont. Leur front ne rayonne plus de l'auréole divine ; il n'est plus couvert que d'un bonnet de métal : Dieu a retiré sa main, et les saintes ampoules dorment au fond des sanctuaires. Pleurez, âmans blanchis de la royauté d'un autre âge : elle n'est plus. Sur l'horizon un astre se montre encore, il est vrai, mais terne, blafard : c'est la royauté de nos jours.

Sur leurs enseignes les royalistes portent écrit :

Légitimité. Ce mot est assez usuel, assez connu, pour que nous sachions tous ce qu'il signifie. Possession *légitime*, prétention *légitime*, qui ne connaît parfaitement le sens précis de ces locutions ? Une royauté *légitime* est une royauté fondée sur le droit ; un roi *légitime* est celui qui a droit de l'être. Mais croit-on donc que les libéraux veuillent un roi illégitime ?

Si nous demandons au royaliste : Comment Henri V a-t-il le droit ? il nous répondra : Parce qu'il le tient de sa naissance. Si nous transportons notre question au libéral : Comment Louis-Philippe a-t-il le droit devers lui ? Evidemment il ne pourra pas faire la même réponse. Mais intervertissons les situations. Supposons que le roi des Français meure : voilà une hypothèse qu'on ne querellera pas ; d'après certains calculs des royalistes, ce prince ne peut guère prolonger son existence. Aussitôt son fils lui succède. D'un autre côté, remontons au premier roi de la race des Bourbons : il en existe un, à coup sûr, à moins qu'il n'y ait des familles sans commencement. Maintenant, renouvelons notre double interrogation : Comment le duc d'Orléans est-il légitime ? comment Hugues Capet, ou tout autre, le fut-il ? Je ne sais pas ce que répondra précisément le royaliste, tant y a qu'il ne pourra point s'en tirer à l'aide de la naissance. Ainsi, royalistes et libéraux sont obligés d'assigner deux sources à la légitimité, au droit royal : l'une, la naissance, qui ne vient qu'en seconde ligne ; une autre quelconque qui précède. Pour m'exprimer plus exactement, et rentrer dans les termes du sens commun, il n'y a qu'une origine unique à la légitimité ; et cette origine n'est pas la naissance. Au fils du duc de Berri ne commence point un droit nouveau, un droit qui n'existât point auparavant ; au contraire, la naissance, pour ce prince, n'est que la perpétuation d'un droit antérieur, droit qui, par conséquent, avait déjà une cause.

Comme sources du pouvoir royal, on parle de droit divin, de souveraineté du peuple, de paternité, de conquête, de prescription, de grands propriétaires. Mettons de l'ordre dans ce chaos.

Un roi tire son droit, ou de lui-même, ou du dehors. De lui-même, il le trouve au fond même de sa nature, le puise dans quelque qualité accidentelle, ou se le donne par quelque fait qu'il accomplit. Du dehors, il le reçoit de Dieu, ou des autres hommes.

De savoir s'il le trouve au fond même de sa nature, dans l'essence de son être, c'est une question que nous pouvons laisser à l'écart. Personne ne la soutient plus aujourd'hui, si ce n'est peut-être M. le comte Achille de Jouffroy. On a pu croire qu'il y avait deux races, une supérieure et créée pour commander, l'autre inférieure et née pour obéir; il a pu y avoir des maîtres et des esclaves, des seigneurs et des serfs, des nobles et des vilains; mais aujourd'hui ces choses-là sont reléguées, non seulement parmi les insolentes prétentions d'un orgueil en délire, mais encore au nombre des plus stupides sottises surgies de la cervelle humaine. Nous n'admettons plus deux sangs, surtout depuis le système de M. Broussais, depuis que la lancette des médecins et soixante millions de sangsues en mettent tant sous nos yeux. Caligula disait qu'il y avait entre lui et son peuple la même distance qui existe entre un berger et son troupeau; il disait que lui était un Dieu, ou les autres des bêtes; à l'heure qu'il est, je ne conseillerais pas à Caligula de tenir un pareil langage.

Un roi puise-t-il son droit dans quelque qualité accidentelle?

Un peuple est une famille; on en conclut qu'un roi est un père. C'est en vertu de ce principe que l'enfant de Prague est appelé père des Français. Voilà encore pourquoi la duchesse de Berri a été nommée notre mère, mot peu galant, à mon avis, et capable, ma foi, d'écarter de la blonde napolitaine les Lucchesi futurs. D'autres font dériver le droit royal de la propriété du sól.

DE LA PATERNITÉ ROYALE.

Devons-nous voir un sens figuré sous cette expression, et les rois ne sont-ils pères que comme un homme est quelquefois lion ou renard? mais notre recherche n'a point pour but des similitudes ou des fictions. Si le duc de Bordeaux n'est roi que par image, autant vaut qu'il reste à Prague, mieux même, puisque, à Paris, dans le temps que son pouvoir serait une figure, ses sujets seraient une bonne réalité; tandis que, en Bohême, pouvoir et sujets, tout demeure dans la métaphore.

La paternité royale se prend-elle à la lettre? Ici nous attendent des embarras non moins grands. D'abord les rois n'engendrent pas tout un royaume. Le vert galant, Henri IV, et Louis XIV lui-même eussent échoué à la besogne. Un poète a dit le contraire, et avancé que les princes avaient plus d'une raison pour se dire nos pères; mais les poètes se donnent des licences. Que dans les premiers âges du monde, les patriarches, pendant une vie de plusieurs siècles, jetassent sur la terre une postérité aussi nombreuse que le sable de la mer, je l'accorde volontiers; Mathusalem, par exemple, qui vécut plus de neuf cents ans, et eut la permission de prendre, deçà et delà, autant de femmes qu'il voulut, Mathusalem vit probablement dans son giron paternel une couvée raisonnablement étendue. Mais, aujourd'hui que l'homme se montre un matin, fuit rapidement, et disparaît le soir, c'est bien assez qu'il ébauche à la hâte trois ou quatre enfans chétifs. Dira-t-on que quelques-uns de nos pères ont transmis leur pouvoir à une branche de leurs descendans, plaçant ainsi les autres sous le servage? Mais que l'on nous représente ces titres qui nous ont déshérités; que les rois nous exhibent ces testamens qui les ont faits les maîtres de leurs frères. Prétendra-t-on que, depuis Noé, le sceptre paternel, au lieu de se fractionner à l'infini, est passé intact d'aîné en aîné? Dans ce cas, il existe quelque part un individu dans lequel réside une autorité qui s'étend sur le globe entier. Or, cet homme, où est-il? Dans quel lieu pouvons-nous le chercher? Peut-être ce grand monarque, oublié dans quelque coin de la terre, y traîne languissamment ses jours caducs, au fond d'une pauvre chaumière en ruines, accablé de besoins et de maux, sur des débris de paille réduite en poudre. Et vous, usurpateurs de sa puissance, troupe de rois qui vous partagez la domination du monde, vous vous pavanez insolemment dans l'opulence et la splendeur, au sein d'immenses, de magnifiques palais, au milieu d'une foule qui vous encense et vous sert, sur des trônes éclatans de pourpre et d'or. Dépouillez cette pompe qui ne vous appartient pas; quittez ces trônes et ces palais dont vous êtes les ravisseurs, et courez aux pieds de l'infortuné vieillard déposer vos couronnes; allez implorer à genoux votre pardon.

Secondement, Dieu, en outre et à l'instar de la paternité naturelle que nous connaissons, n'en a point créé une spéciale pour les rois. Ce serait le droit divin, et nous verrons bientôt que le droit divin est relégué aux oubliettes ou aux *guenilles*.

On assure que la doctrine de la paternité royale est encore celle de M. de Bonald : j'en doute fort. Nous avons vu tant de conversions depuis 1830, révolution appelée heureuse par les royalistes eux-mêmes ! Tout perruque qu'il soit, le vicomte aveyronnais n'est pas tant en arrière.

DES GRANDS PROPRIÉTAIRES.

Charbonnier est maître chez lui. Un propriétaire est roi; mais ici se représente l'inconvénient de la paternité royale : les monarques sont fort multipliés. Ils voient tous leurs états de leur fenêtre, ils n'ont plus besoin ni de postes ni de télégraphes; tout au plus leur faut-il un sifflet ou un porte-voix. Cependant ne pourrait-on pas imaginer de grands domaines ? L'israélite Joseph fit bien acheter l'Egypte à Pharaon; Les théologiens donnaient bien à nos rois la propriété du territoire, et les royalistes ne veulent-ils pas toujours que l'on dise *roi de France?*

Dans les temps primitifs, pendant que les enfans d'Adam étaient encore clair-semés sur notre planète, l'un d'entr'eux cherchait un lieu pour s'établir. Il découvrit une contrée qui lui plut fort. Aussitôt il en prit possession, et fixa ses limites, les Pyrénées, les Alpes, le Rhin et l'Océan. Son lot ainsi taillé, il pourvut aux moyens de le défendre. Un jour d'autres hommes, désirant aussi se placer plus commodément, se présentent sur sa frontière. Mais lui fait bonne garde, et leur dit de tourner ailleurs. Ils vont dans toutes les directions, sans être plus heureux : partout ils heurtent à de grands propriétaires, car une centaine d'individus madrés se sont ainsi emparés de tous les bons endroits du globe, des beaux bassins, des riches plaines. Alors les pauvres hères rentrent dans les steppes qu'on leur a abandonnées en partage. Mais bientôt, multipliés comme des fourmis, ils ne pourront plus vivre sur un espace étroit et infertile. Que feront-ils donc? S'élèveront-ils dans l'air comme les oiseaux, ou plongeront-ils dans la mer avec les poissons, eux à qui le créateur imprévoyant oublia de donner des ailes ou des nageoires? Non; ils reviendront vers les grands propriétaires : « Vos terres, leur diront-ils, s'étendent sans mesure. » Perdus, comme un atome, au milieu de vos immenses possessions, bien loin de les cultiver, vous ne » pouvez les parcourir. Toujours empressées de produire, elles vous livrent des fruits avec profusion » et sans relâche. Suffire à vos richesses vous est » impossible : l'abondance défie vos plaisirs comme » vos besoins. Et nous cependant, nous, enfans » déshérités à côté de frères si opulens, nous man-

» quons de tout dans ces lieux arides et ingrats, » dans ces montagnes stériles où nous sommes » relégués; et où il reste à peine de la place pour » chacun de nous. Vainement nous tourmentons nuit » et jour ce sol de roc et de sable; il ne nous rend » que quelques fruits maigres et sans saveur, que » les plus forts d'entre nous se disputent. Prenez » pitié de notre sort, ne nous forcez pas à mourir : » accordez-nous un petit coin dans vos vastes do» maines.

« Nous sommes touchés de vos maux, répondent les » grands propriétaires; entrez. Vous cultiverez nos » champs; au blé de nos greniers vous ajouterez du » blé encore; au vin de nos celliers vous joindrez » d'autre vin. Vous serez les valets de nos personnes, » de nos maisons et de nos étables. A ce prix, nous » vous nourrirons. Vous mangerez du pain noir suffi» samment pour échapper à cette faim dont vous » éprouvez les étreintes. L'eau de votre boisson pas» sera, pour se rougir, sur le marc de nos pressoirs. » Vous partagerez avec les bestiaux les légumes de » nos terres. Il vous sera permis de vous construire » des huttes de boue, recouvertes de quelques bottes » de chaume. De plus, nous vous protégerons. Si des » ennemis nous attaquent, nous vous enverrons à » leur rencontre, pour vous battre et vous faire égor» ger. Au demeurant, tout ce que nous exigerons de » vous, vous serez tenus de le faire. De notre coté, » nous ne vous devrons rien : nous sommes maîtres » chez nous, et nous ne vous recevons qu'à ces » conditions. » Cela dit, les barrières s'abaissent, et les malheureux entrent; ils étaient pauvres, ils sont esclaves.

A quoi tend ce burlesque récit, demandera-t-on?

Que signifie ce mauvais jeu d'une imagination creuse et déréglée ? Est-il encore question du régime féodal ? — peut-être. Il n'y a pas longues années, un homme s'est rencontré, un Suisse, qui a écrit un ouvrage. Un autre homme s'est trouvé, un Français, qui s'est emparé des doctrines du premier en les portant aux nues, et qui a écrit en 1826 : « Un souverain n'est qu'un homme fort, et possédant des domaines étendus, indépendant par cela même, et capable de défendre son indépendance. Le droit de propriété.... est le fondement de sa puissance ou de sa souveraineté .... Riche et puissant, le souverain est entouré d'hommes qui lui prêtent volontairement leurs services, en échange des avantages qu'il leur procure et de la protection qu'il leur accorde..... La justice même que le prince rend n'est de sa part... que l'accomplissement d'un devoir de charité envers le faible. Sans maître, puisqu'il est indépendant, nul ne peut lui imposer des lois, et il a le droit d'en imposer, ou de fixer les conditions auxquelles il reçoit, protége ceux qui s'attachent à son service ...... C'est là la société vraiment naturelle .... Tous les rapports extérieurs, dont l'ensemble forme le droit politique et civil, se déduisent d'un seul principe, ou plutôt d'un seul fait : *Le prince est un propriétaire indépendant qui administre ses propres affaires.* » Or, le Français qui a tracé ces phrases, comment se nomme-t-il ? de La Mennais !... Le génie n'est-il donc qu'une cruelle énigme que le ciel nous jette à deviner ! Mais rassurons-nous, ou plutôt imposons silence à notre indignation : M. de La Mennais a bien changé depuis ; il est aujourd'hui fort loin de ses propriétaires souverains, bien plus loin que nous-mêmes (1). Paix aux convertis ! quant à M. de Haller, il doit moins nous soucier : s'il veut être valet, qu'il le soit tout à son aise.

Nul ne tire donc le droit d'être roi d'une qualité particulière. On nomme bien encore le génie, la vertu, le mérite ; mais sur tout cela, nous ne pouvions avoir de prise sérieuse qu'avec les enfans de Saint-Simon, et où les trouver pour les combattre ? La *souveraineté de la gloire* de M. de Châteaubriand ne doit pas nous arrêter davantage. M. de Châteaubriand n'est pas saint-simonien, au contraire, nous avons appris qu'il était bénédictin de Solème, et ce n'est pas à Mme Enfantin qu'il a dit : *Votre fils est mon roi.*

Les rois acquièrent-ils la légitimité à l'aide de quelque fait par eux accompli?

Il ne peut y avoir que deux sortes de faits de cette nature : la conquête et la prescription, qui est une espèce de conquête continuée.

(1) M. de La Mennais, royaliste *quand même* en 1826, néophyte libéral en 1829, parfait converti en 1830, aujourd'hui, par son ouvrage *Paroles d'un Croyant*, a laissé, derrière lui, même tous les libéraux, et qui peut dire où s'arrêtera ce génie impétueux et sombre?... Pontife de Rome, vous avez osé vous jeter au-devant du torrent; quelle est votre folie! N'entendez-vous pas déjà les eaux écumantes mugir autour de votre trône chancelant !

DE LA CONQUÊTE.

La conquête, c'est la force ou la ruse, c'est un homme triomphant des autres par la vigueur de ses muscles ou par les piéges dans lesquels il les entraîne; c'est une armée renversant tout de sa masse, ou les combinaisons du génie ayant raison même du nombre. Mais ni la ruse ni la force ne donnent aucun droit, à moins que des voleurs, au détour d'un bois, n'acquièrent légitimement ma bourse, parce qu'ils en font la conquête à coups de bâton; à moins qu'un filou ne devienne légitime propriétaire de ma montre, parce qu'il me l'aura subtilement escamotée dans une foule. Si les royalistes invoquent encore quelquefois la conquête, ce n'est plus qu'un écho machinal et mourant d'une doctrine éteinte. Ils veulent avoir l'occasion d'amener sur la scène Henri IV, de jurer leur grand *ventre-saint-gris*, et nous montrer au moins un de leurs rois l'épée à la main. Au surplus, la conquête serait toute en faveur de Louis-Philippe. Il est vrai que les Bourbons cadets n'ont pas le privilége de leurs aînés : ceux-ci purifient tout ce qu'ils touchent, depuis les brigandages de Cartouche jusqu'aux plaies des scrofuleux.

DE LA PRESCRIPTION.

J'ai souvent fait effort pour comprendre l'association de ces deux mots, *prescription* et *royauté* : je n'ai jamais pu y parvenir. Cependant des esprits supérieurs les réunissent. Je sais bien que le génie lui-même a ses jours de sommeil et de rêve, ses momens de sottise : *quandoquè bonus dormitat Homerus* ; mais l'explication est trop irrespectueuse, et ensuite n'est-il pas naturel que j'accuse le peu d'étendue de mes lumières ? En tout cas, je vais soumettre mes doutes.

Est-ce le temps qui donne naissance à la prescription ? Mais le temps n'est rien, si ce n'est un nom inventé par les hommes. Le temps, c'est le jour qui fuit, revient, fuit encore, pour fuir et revenir éternellement. Comment le jour qui demeure constamment le même, produira-t-il, en se renouvelant, et recommençât-il des millions de fois, ce que d'abord il n'a pu produire ? Une goutte d'eau qui circule autour d'un globe, forme-t-elle à la longue un bassin ou une mer ? Elève-t-on une montagne avec le même grain de sable porté et reporté dans le même lieu ? Je n'ignore pas que l'on prescrit un champ, une maison, un animal ; mais, dans ces cas, le temps n'est pas le seul élément de la prescription : il faut encore la loi. Or, que l'on montre la loi qui a établi la prescription pour les rois. Le créateur l'a-t-il gravée en nous ? Quant à moi, je ne la découvre point ; je n'ai jamais pu résoudre mon esprit à avouer cette proposition : Un roi a été illégitime pendant cinquante ans, donc il est légitime. Cette loi est-elle tracée sur les tables des Hébreux ou dans les livres des chrétiens ? La lisons-nous dans les codes des nations ?

Dira-t-on que la prescription royale vient de ce que, pendant un règne long-temps prolongé, des faits, ou, pour parler avec plus de précision, des intérêts nouveaux ont été créés ? Je réponds que les intérêts se traduisent dans des hommes, qu'ils se résument dans des individus. Cela posé, j'établis un dilemme : ou les intérêts nouveaux, c'est-à-dire, les hommes qui les représentent, sont en majorité, ou ils sont en minorité. Dans le premier cas, en leur donnant la prépondérance, vous tombez en plein dans le système de la souveraineté du peuple ; dans le second, en les fesant prévaloir sur les intérêts anciens, vous mettez la majorité sous le joug de la minorité. J'avouerai, si l'on veut, que quelquefois, et dans des circonstances données, il est juste, au lieu de compter les voix, de peser les intérêts. Mais cette règle doit être admise avec une grande réserve ; en thèse générale et en rigueur de principe, elle doit être repoussée. Ce serait la perpétuation ou le retour des priviléges, de l'inégalité et de tout ce qui s'ensuit, féodalité, servage, esclavage. Avec cette règle, on pourrait parvenir à mettre les intérêts de quelques milliers d'individus au-dessus de ceux de trente millions d'autres.

Les partisans de la prescription devraient au moins être un peu plus d'accord sur le laps de temps requis pour la consommer. Tantôt ils exigent un quart de siècle, tantôt cinquante ans, tantôt cent, deux cents ans ou plus ; il y en a qui se contentent de faire arriver la couronne du grand-père au petit-fils, chose qui peut avoir lieu dans vingt-quatre heures.

Les rois reçoivent-ils leur pouvoir de Dieu? ou du droit divin.

Le droit divin, naguère environné d'un si grand nombre de fidèles, aujourd'hui est presqu'entièrement abandonné. Il n'a plus de réfuge que dans quelques *cachots voûtés et murés, sans porte, sans fenêtre, sans soupirail, sans aucune issue à travers laquelle se pût glisser le moindre rayon de lumière.* Hélas ! ainsi passe la gloire ! Les royalistes le déclarent mort depuis deux cents ans, et gisant piteusement au fond de l'obscure thèse d'un pauvre étudiant d'Oxford. Que dis-je ? Ils le renvoient avec dédain à ses mortels ennemis, aux libéraux. Malheureux droit divin ! Il ne lui manquait que cet outrage ! Ne nous reposons pas trop cependant sur cet abandon barbare : *ne credite Teucris.* Les royalistes quelquefois ressuscitent leurs morts, et le droit divin pourrait bien nous revenir un jour d'Angleterre, comme les momies nous arrivent d'Egypte. D'ailleurs, ne devons-nous pas quelques égards aux cachots voûtés et murés ?

Dieu a dit : *C'est par moi que les rois règnent ; obéissez-leur.* Ces paroles semblent claires : obéissez à tout homme qui est sur le trône. Tel est le sens, je crois, où les entendait Jésus-Christ, lorsque, interrogé malicieusement par les Juifs : Devons-nous obéir à César ? Il leur répondit, non pas : *Voyez si César est légitime ;* mais bien : *Soyez soumis à César, puisque César est empereur.* Ainsi les interprêtaient les docteurs de l'église ; ainsi les comprenait aussi le pape Pie VII, quand il se fâcha contre un ambassadeur français, qui qualifiait Napoléon d'usurpateur. Cependant on s'oppose à ce que nous les prenions dans cette signification ; on exige que nous fassions un triage parmi les rois. Mais que l'on nous fournisse donc un signe, sans quoi nous serions exposés aux plus graves erreurs En veut-on une preuve ? Dans mon enfance, j'appris le catéchisme de l'empire, où nous étaient longuement développés nos devoirs envers Napoléon-le-Grand, notre empereur. Chrétien docile, je suivais assez exactement ces prescriptions; quelquefois pourtant j'y manquais, et ma faute ne m'était pardonnée, au tribunal du ministre de Dieu, qu'en faveur de mon repentir. Eh bien! On a découvert depuis que Napoléon n'était véritablement qu'un faux monarque. A l'époque actuelle, même danger. Si les uns me détournent de Louis-Philippe, les autres en font l'objet de mes respects et de mon amour; si l'archevêque de Paris le maudit, celui de Bordeaux fait tout le contraire. Or, cette marque distinctive qui doit nous guider, quelle est-elle? Les monarques nous tombent-ils des nues, comme le roi de Jupiter aux grenouilles? Heureusement, par cette voie il ne nous arrive que la peste ou les orages, et nous avons le paratonnerre et les désinfecteurs. Sortent-ils de la main de quelque Samuel, comme au temps où, parmi les Hébreux, les pasteurs montaient sur le trône? Depuis long-temps le monde a perdu ses prophètes, et les princes ne se prennent plus parmi les bergers. La Sainte-Ampoule nous les désigne-t-elle? Demandez à Napoléon : il avait le sacre le mieux conditionné, et néanmoins il n'était qu'un voleur de couronne. Demandez à Louis-Philippe : il serait oint, de la tête aux pieds, du chrême de Saint-Remi, qu'il n'en serait pas mieux reçu.

Interrogeons un partisan du droit divin : Louis XVI en était-il nanti? — Certainement, répondra-t-il. — Louis XVII? — Tout aussi bien. — Napoléon? — Nullement. — Louis XVIII, Charles X? — Sans aucun doute. — Louis-Philippe? — Point du tout. — Et comment vous dirigez-vous dans ce choix? Comment séparez-vous les rois de bon aloi de la fausse monnaie? — Parce que les uns sont légitimes, et les autres non. — Ha! l'explication est singulière! Le droit divin ne fait donc pas la légitimité! Celle-ci existe avant lui; il ne vient qu'après pour se joindre à elle! Ma foi, je ne vois pas pourquoi vous introduisez cette cheville; puisqu'il ne sert de rien aux rois, qu'ont-ils besoin du droit divin? Il m'a l'air d'un être parasite, d'un ventru. Quoi qu'il en soit, attendu que nous cherchons la légitimité, saluons l'importun, et passons outre.

Les rois reçoivent-ils leur droit des autres hommes? ou de la souveraineté du peuple.

Nous sommes parvenus à la dernière source possible du droit royal: il faut bien que celle-ci soit la vraie, ou il n'y en a aucune. Je sais que de transcendans génies, tout en nous prêchant la royauté, ne lui donnent aucune origine. Pour eux, les causes ne sont point nécessaires; quand ils n'en découvrent pas, ils s'en passent; si elles leur déplaisent, ils s'en moquent. Mais nous, esprits vulgaires, tant de privilége ne nous fut point départi: on nous oblige à fournir la raison des choses. Ces aigles de la pensée ne croient, ni au droit divin, ni à la souveraineté du peuple, ni aux rois, ni aux nations, ce qui doit être très-sublime. Ils ne croient qu'aux faits, c'est-à-dire, à ceux qu'il leur plaît d'apercevoir ou d'admettre. Je me trompe pourtant: ils croient encore à l'intelligence. A la bonne heure! Remercions-les de leur grande bonté, profitons de cette issue qu'ils nous laissent, et poursuivons le cours de nos investigations.

Je suppose que la Suisse, dégoûtée de son gouvernement, veuille passer à l'état monarchique: l'hypothèse n'est pas si gratuite; en opposition au fameux pronostic de M. Lainé, les royalistes annoncent que les républiques s'en vont. Que fera la Suisse? Elle choisira, ou chez elle, ou ailleurs, un homme à qui elle dira : Régnez sur nous. Un instant auparavant, cet homme n'avait pas la moindre autorité sur le plus pauvre habitant de ces montagnes; dès-lors il commande à toute l'Helvétie : il est roi. Qui l'a créé tel? Le peuple même qui lui est soumis. Je suppose encore que des royalistes français, fuyant une patrie, hélas! si malheureuse, et cherchant à leur tour un champ d'asile, émigrent en Afrique, par la porte qu'y a ouverte Charles-le-Généreux, et, là, se fixent dans une contrée. Ils songent aussitôt à s'organiser en monarchie, car, sans roi, ils nous le déclarent, leur ame est incomplète et mutilée. Or, pour une monarchie, il faut un monarque. Quel moyen prendront les royalistes? Appelleront-ils l'enfant de Prague? Quel blasphème! Lui, à qui sont réservés des destins si brillans; lui, qu'attend le plus grand peuple du monde, le faire roitelet d'une bicoque! Non : ils imiteront les Suisses; ils éliront quelqu'un d'entr'eux, et lui diront : Régnez sur nous. Eh bien! voilà la souveraineté du peuple. Cette expression signifie qu'une société est maîtresse d'elle-même et de son sort; elle signifie que nul ne peut prendre autorité sur un corps politique, si ce corps lui-même ne la lui confère.

On ne comprend pas que cette doctrine rencontre autant d'opposition. Mais voyez aussi comme déjà de toutes parts se rendent ses adversaires. L'un nous dit que jamais les fils aînés de nos rois ne chercheront le principe de leur puissance ailleurs que dans le cœur des Français. Un autre assure que le pouvoir a été donné à nos princes par la souveraineté nationale de nos ancêtres. Un troisième proclame que le pouvoir royal est la volonté nationale incarnée dans les Bourbons, se perpétuant avec leur sang. Un quatrième ne voit le chef d'un peuple que dans l'homme pour lequel chaque citoyen a volontairement signé. Tous en chœur nous assourdissent de vœu du peuple, d'assentiment national, d'opinion publique, d'intérêts du plus grand nombre. *Tout par le peuple*, est leur devise; ils ont pour cri de ralliement, *souveraineté nationale*. — Souveraineté nationale ! Mais la paix est donc faite; car quelle différence y a-t-il entre la souveraineté nationale et la souveraineté du peuple ? Nous pouvons embrasser nos frères ! — Doucement; prenez garde qu'ils ne vous donnent le change, qu'ils ne vous trompent à l'aide d'un nom. N'entendez-vous pas le feu roulant qui continue contre la souveraineté du peuple ? Serrons de plus près ces opiniâtres ennemis; enchaînons-les muets au char du principe qui les subjugue.

Les royalistes repoussent la souveraineté du peuple: 1° parce qu'elle est la république; 2° parce qu'elle rend la société impossible; 3° parce qu'elle doit être remplacée par le principe plus vrai et moins funeste de la souveraineté nationale; 4° parce qu'elle ne devait point être employée contre les Bourbons.

LA SOUVERAINETÉ POPULAIRE EST-ELLE LA RÉPUBLIQUE ?

Cette accusation ne signifie pas que, sous l'empire de la souveraineté du peuple, on nommerait nécessairement des présidens, et jamais des rois. Elle ne veut pas dire que les affaires de l'état seraient vraiment la chose publique, *res publica*, la chose à laquelle chacun s'intéresserait et prendrait part : il n'y aurait pas grand mal à cela. Elle exprime, sans doute, que la souveraineté déléguée aux rois par le peuple n'est pas exactement la même que celle par eux possédée autrefois. Certes, je ne conteste pas ce point ; mais la question n'est pas de savoir s'il y a de la différence entre ces deux souverainetés ; il s'agit de découvrir laquelle est la plus juste et la meilleure. J'ai déjà observé que les rois n'étaient plus ce qu'ils ont été ; leur autorité n'est point féodalement ou divinement illimitée comme celle de Louis XIV. Ils ne peuvent pas se vanter arrogamment de ne relever que de Dieu et de leur épée. Mandataires, premiers fonctionnaires du corps politique, délégués de la nation, tels sont leurs titres, et ils ne se distinguent guère des présidens de république que par leur nom, leur siége et la durée de leur pouvoir. Je ne conteste pas qu'ils n'aient perdu au change ; mais si la société y a gagné, la compensation n'est-elle pas suffisante ? Qu'ils se résignent donc, eux et leurs amis.

LA SOUVERAINETÉ DU PEUPLE REND-ELLE LA SOCIÉTÉ IMPOSSIBLE ?

Celui qui donne la souveraineté, conserve le droit de la reprendre ; un peuple pourrait donc défaire chaque jour ses rois ou ses magistrats suprêmes. — Cette proposition revient à celle-ci : Un peuple pourrait être fou. Je ne nie pas la démence, mais je nie qu'elle autorise l'esclavage. Un homme court se précipiter dans la rivière ; je me jette au-devant lui, je le saisis, je l'arrête, je lui fais violence, afin de le sauver de son désespoir. Agissez de même, si vous voulez, contre une nation tombée en délire ; emparez-vous de la dictature. Mais, de même que je ne dois pas garder dans mes fers l'individu que j'ai empêché de se noyer, de même ne prétendez pas enchaîner à toujours une nation, parce qu'une fois elle aura oublié la raison. Entendriez-vous qu'un peuple est dans un état incessant de frénésie ou de stupidité ? Dans ce cas, faites ce qu'il vous plaira. Je ne vous adresserai qu'une prière, c'est de me laisser détourner, l'ame navrée, et méditer, dans ma douleur solitaire, sur ce quelque chose de misérable qu'on appelle la race humaine.

A en croire les royalistes, on n'a qu'à chasser la souveraineté du peuple, et arborer sur la terre ce qui, dans leur idiôme, se nomme la ligitimité, pour voir fuir, à l'instant, troubles, émeutes, révolutions ; pour que les nations entrent dans le bienheureux repos des Champs-Elysées. Comme si leur légitimité, jusqu'ici, avait empêché les tempêtes ! Comme si nous n'avions pas vu 89, 1815, 1830, et toute notre histoire ! Comme si ce roi, issu de la souveraineté populaire, ce roi que nul ne défend, que tous attaquent, ainsi qu'on l'assure, ne défiait pas, depuis quatre ans, les assauts furieux qu'on lui livre sans relâche ! Bannissez votre crainte. Toujours plus de rois se maintiendront par la mitraille, que l'on n'en verra renverser par les insurrections. Il y aura toujours plus de sujets soumis et tranquilles, que de généreux révoltés affrontant le plomb des gardes royales. Plus d'ames se vendront à la faveur des cours, que la liberté ne comptera de fanatiques jaloux, se fesant massacrer pour elle.

La souveraineté du peuple, répète-t-on, est une bannière toujours levée, une raison toujours prête pour s'insurger. Quand le peuple est souverain, chaque citoyen l'est par là même, et chaque citoyen a droit de chercher à faire prévaloir sa souveraineté particulière. — Où chacun serait souverain, personne ne le serait ; car, pour que quelqu'un commande, force est bien que quelqu'un obéisse. Ne conviendra-t-on jamais qu'un corps politique présente deux aspects ? Que sous l'un, il est une personne morale, capable d'avoir une volonté qui impose des ordres ? Que sous l'autre, il se fractionne en individus à qui l'obéissance est prescrite ? Les royalistes n'ignorent pas cet *a b c* de la politique ; mais ils aiment mieux lâcher une plate bêtise, que de sacrifier un grossier sophisme. Dans leur système, le roi, les pairs, les députés ne font-ils pas la loi en qualité de représentans du corps politique ? Le roi, les pairs, les députés ne sont-ils pas tenus de se soumettre à la loi qu'ils ont établie, et quelqu'un d'entr'eux peut-il la détruire ? — Du moins la souveraineté du peuple est un prétexte spécieux pour les brouillons et les méchans. — J'aurais grand tort de ne pas m'en apercevoir. Mais les brouillons et les méchans ne sauront-ils pas, ce prétexte leur manquant, en déterrer un autre ? Avec de semblables argumens, on proscrirait et la vérité, et la vertu, et surtout la religion, qui ont tant de fois servi d'instrument pour le mal. N'embrouillez pas toutes les idées ; cessez de pervertir, avec une insigne mauvaise foi, le sens de la souveraineté du peuple, et elle ne trompera plus l'ignorance. Elle ne pourra plus être invoquée par les malintentionnés.

Les peuples sont indisciplinés et mutins. — A qui la faute ? Ne les ameutez-vous pas sans cesse contre les princes qui vous déplaisent ? Vos coups laissent-ils quelque trève au pouvoir, aujourd'hui si affaibli, dites-vous ? Il me semble voir un homme mettant le feu à une maison, et criant ensuite à l'incendie. Les rois eux-mêmes ne doivent-ils pas s'accuser les premiers? N'ont-ils pas fait secouer tout frein à ceux qui étaient leurs sujets, en voulant les traiter comme des bêtes de somme? N'ont-ils pas avili la majesté de leur diadême, dépouillé jusqu'à la dignité humaine? N'avons-nous pas été témoins de leurs infâmes débauches? Ne les avons-nous pas vus *trembloter*, dans la peur, mille sermens dont ils se sont moqués hors de l'orage? Ne consommez-vous pas l'œuvre des rois? Sur la France a régné, il y a peu d'années, un empereur. Sa gloire était grande comme le monde. Devant lui s'élevaient ou disparaissaient les rois; d'un signe, il les créait ou les replongeait dans le néant. Il châtiait, comme des enfans, les plus hauts potentats, ou daignait être leur ami. Cependant, pour lui aussi changea l'inconstante fortune; et celui qui avait vu briller le soleil d'Austerlitz, vit se lever le jour des revers. Il tomba devant ses malheurs; il tomba devant l'Europe conjurée. Alors commença ce long hourra d'injures, dont le tonnerre vengeur de 1830 a seul fait taire les derniers échos. Je ne dirai pas où vous avez traîné ses images. Ces autres princes, ces brillans parvenus du trône, qui, élevés avec Napoléon, partagèrent sa chute, ont-ils été plus épargnés? Combien d'outrages ne s'est-il pas mêlés aux balles des bourreaux, sur ces fronts empreints de la couronne et des tresses de laurier! Et puis, vous venez nous présenter vos rois avec confiance, parce que leur sang fainéant et décoloré contient leur titre de père en fils, qu'ils portent un vieux manteau, et qu'en travers de leur corps vous avez inscrit cette légende: *Légitime par droit de naissance*. Vous comptez nous fasciner avec un chiffon de pourpre déteint, nous ensorceler avec un écriteau sur le dos d'un homme. Non; si les monarques ne sont plus qu'un objet de mépris ; si leur habit, jadis si vénéré, est devenu un vêtement d'infamie, la souveraineté du peuple n'est pas seule coupable. Au surplus, et quels que soient les inconvéniens de la souveraineté du peuple, je désirerais que l'on me dit si le despotisme n'en a point. Je sais bien que les royalistes se vantent d'avoir trouvé un juste-milieu, eux qui anathématisent le nom, tout en prenant la chose ; mais je leur conteste hautement leur découverte. Souveraineté du peuple, despotisme, ce sont là deux termes entre lesquels il n'en est pas un moyen. Ecueil pour écueil, moi, je me range au noble cri de l'infortunée Pologne : *Malo periculosam libertatem quàm quietum servitium ;* j'aime mieux les périlleuses agitations de la liberté, que l'ignoble repos de la servitude.

Y A-T-IL UN SYSTÈME MIXTE DE SOUVERAINETÉ A METTRE A LA PLACE DE CELLE DU PEUPLE ? OU DE LA SOUVERAINETÉ NATIONALE DES ROYALISTES.

Les peuples, comme les individus, ont une constitution naturelle, qu'il ne leur est pas donné de changer. Pour la connaître, il faut que nous nous reportions à la naissance de chaque société. Les commencemens d'un corps politique sont ses principes constitutifs ; car commencemens et principes sont synonymes. Leur ensemble forme la souveraineté nationale. Les principes constitutifs de la France sont : La royauté héréditaire de mâle en mâle, par ordre de primogéniture ; la liberté des citoyens ; la religion catholique romaine ; l'administration laissée aux localités et non centralisée dans la capitale ; le territoire compris entre les Pyrénées, le Rhin, les Alpes et l'Océan. Deux de ces principes se distinguent des autres, et prédominent, savoir : le monarchique et celui de la liberté politique. Ils sont le pivot de l'édifice, la cheville ouvrière de la machine. Le premier se nomme souveraineté ou légitimité royale ; le second, souveraineté ou légitimité du peuple. Indépendans l'un de l'autre, ils marchent d'un pas égal sur deux lignes parallèles : le roi ne peut rien contre le peuple, le peuple ne peut rien contre le prince. La royauté, non seulement date de l'origine de la France, mais encore est antérieure à la monarchie elle-même. Suivie à la trace, elle se perd au-delà du Rhin, dans les forêts de la Germanie. Telles sont les merveilleuses vérités que la *Gazette de France*, dans ses fouilles, a trouvées sous les couches épaisses du temps.

Je confesse humblement que cette sublime trouvaille ne laisse pas d'offrir quelques légères difficultés à ma faible intelligence. D'abord, je suis douloureusement surpris d'apprendre qu'une nation est obligée de vivre et de mourir comme elle est née, fût-elle venue au monde dans la misère et dans l'esclavage : je plains fort les Turcs et beaucoup d'autres. Je ne conçois pas aisément qu'un corps politique ne puisse pas apporter plus de remède à ses difformités, qu'un bossu ne peut redresser son épine dorsale, un boiteux allonger sa jambe, un sourd refondre son tympan. Je ne comprends point que tous les principes signalés dans la constitution de la France, y soient essentiellement inhérens. Chez un individu même, tout n'est pas invariable dans sa manière d'être. Avant la première révolution, par exemple, le Français portait les cheveux longs et en queue ; depuis, il se les est fait couper à la Titus :

s'est-il mutilé ? Avant 1830, nos mentons n'avaient garde de se présenter en public sans être proprement rasés ; aujourd'hui ils se parent fièrement d'une barbe de bison : Les *Jeune-France* seuls sont-ils des hommes ? En second lieu, la France, on nous le déclare, a toujours été séparée de ses principes constitutifs, soit un à un, soit tous à la fois ; elle a donc vécu privée de ce qui est indispensable pour vivre ; que dis-je ? elle a joui d'une prospérité inouie. Que serait-il arrivé dans le cas contraire ! Les bienheureux eussent déserté leurs demeures célestes ; Dieu lui-même eût troqué de trône avec les Bourbons. Pour achever de me confondre, la France, de nos jours, ne saurait se passer, seulement pendant quatre ans, d'une portioncule de sa constitution naturelle, et elle se meurt entièrement depuis que ses princes chéris sont à Holy-Rood, à Prague ou ailleurs. Tant il y a que ces problèmes sont pour moi d'une solution assez rétive. Enfin, les royalistes ont maintes fois désopilé leur rate sur ces équilibres, ces contrepoids, ces pondérations, que l'on voulait introduire dans les pouvoirs d'une société ; et à cette heure, ils nous montrent deux souverainetés égales jouant à la balançoire ; un roi et une nation attelés côte à côte au timon de l'état, devant traîner exactement de front, et se contenir l'un l'autre ; le pouvoir et la liberté, partant de points contraires, se rencontrant, se heurtant, se colletant, sans que jamais ni la liberté ni le pouvoir puissent prendre le dessus, vu la complète parité de leurs forces. Depuis quarante-sept mois, les royalistes honnissent, harcellent, plument, déchirent ce pauvre juste-milieu, que c'est pitié ; et eux, pour ne pas laisser toute la souveraineté au roi, pour ne pas la donner entière au peuple, la partagent entre les deux, imitant le juste-milieu de Salomon, qui, voulant contenter deux mères, allait leur couper un enfant par moitié. Je ne parle pas de cette royauté, précédant monarques et monarchies, et rôdant seule sous les chênes antiques de l'Allemagne.

Parlons sérieusement. On imaginerait avec peine un plus ridicule tissu d'absurdités; mais, accordât-on aux royalistes tout cet échafaudage de balivernes, leur cause n'en serait pas plus avancée. En vain ils reculeront la royauté jusque par-delà la monarchie; en vain ils l'enfonceront dans la nuit des temps ou dans l'obscure profondeur des bois sacrés, comme les divinités anciennes; toujours nous leur demanderons comment cette royauté s'est logée dans le premier monarque. Dieu la lui a-t-il amenée? Alors il faut reprendre le droit divin. Le peuple lui en a-t-il fait don? Alors les royalistes se rendent; ils s'avouent vaincus; ils passent sous les fourches caudines de la souveraineté populaire.

L'EMPLOI DE LA SOUVERAINETÉ DU PEUPLE ÉTAIT-IL INAPPLICABLE AUX BOURBONS?

Le principe libéral fût-il vrai, on ne devait pas, nous dit-on, s'en servir contre les descendans de Hugues Capet, pour trois raisons : la chose était inopportune; le pouvoir est inamissible; les faits, qui sont les meilleurs juges en politique, militaient en faveur des princes actuellement exilés.

De l'inopportunité de la souveraineté populaire contre les Bourbons.

La France possédait ou aurait facilement obtenu des Bourbons tout ce qu'elle pouvait raisonnablement désirer : pourquoi donc a-t-on recouru à la souveraineté du peuple ? — Pourquoi ! parce que vos rois nous y ont contraints ; parce que vous nous y avez forcés vous-mêmes, iniques accusateurs. Dites-nous donc, de grâce, qu'était la France avant 89 ? Un esclave possédé en toute propriété, livré à la merci des caprices, du bon plaisir de ses maîtres et de leurs mignons, plus ou moins tourmenté, méprisé, dépouillé, meurtri, mutilé ; un esclave mené en lesse et fouetté par quelque courtisane, qui partageait avec le prince l'autorité plus encore que la débauche. Dites-nous qui composa, qui défendit ce préambule de la Charte de 1814, où tous les droits des Français étaient remis entre les mains du roi comme sa chose propre. Apprenez-nous qui chicana, pendant quinze ans, les libertés dont on *avait daigné nous octroyer le bienfait ;* qui conseilla aux rois de la restauration de nous les reprendre, malgré leurs sermens réitérés ; qui poussa Charles X à déchirer enfin l'acte où elles étaient gravées, à répondre par le canon aux plaintes, aux réclamations de la France. Que les monarques respectent, protégent nos franchises ; qu'ils nous rendent heureux : bien loin de quereller leur puissance, nous la bénirons. Nous eussent-ils été imposés par vous et les Tartares, vos auxiliaires, nous ne leur demanderons pas d'où ils nous sont venus. Que le despotisme dorme, nous laisserons sommeiller aussi la souveraineté du peuple ; mais le réveil de l'un marquera toujours le réveil de l'autre. Autant de fois vous relèverez le drapeau de la tyrannie, autant de fois nous redresserons l'étendard des hommes libres ; aussi souvent recommenceront et le combat et la victoire.

De l'inamissibilité du pouvoir.

Selon les royalistes, la France aurait adressé au premier monarque le langage suivant : « Nous vous choisissons pour nous gouverner. Régnez, vous et vos » enfans, sur nous et sur notre postérité. Vous nous » dirigerez, vous nous protégerez dans les routes du » bonheur. Votre pouvoir ne sera pas absolu : vous le » renfermerez dans les limites tracées par les lois fon» damentales établies parmi nous. Si, par ce funeste » penchant au mal, naturel aux rois plus encore qu'aux » autres hommes, vous veniez à tourner contre nous » la puissance qui vous est remise pour un tout autre » usage, nous vous adresserions d'humbles doléances, » des remontrances respectueuses ; nous irions peut» être jusqu'à une résistance passive ; mais jamais nos » mains ne s'armeraient contre vous. Non ; devinssiez» vous des tyrans effroyables, des Néron ou des Char» les IX ; dussiez-vous nous enlever nos biens, nous » jeter dans les cachots ou aux galères, nous envoyer » mourir loin de notre patrie, sur des savanes brûlan» tes ou dans des déserts glacés ; dussiez-vous nous » arracher nos parens, nos femmes, nos enfans, pour » leur faire subir un sort pareil ; nous ravir notre hon» neur, notre culte et notre Dieu : jamais nous n'atta» querions le pouvoir dont nous vous confions le dépôt,

» et qui serait devenu la source de tant de maux. Rien » ne saurait nous y contraindre : ni le spectacle de nos » frères enchaînés, ni le sang répandu à flots sous nos » yeux, ni nos pères et nos mères précipités au tom» beau, ni nos enfans égorgés, ni nos femmes violées, » ni nos prêtres chassés et nos temples démolis ; car » la révolte n'est jamais permise, et la royauté est une » propriété inviolable. »

D'après les libéraux, voici les paroles de la France : « Nous vous choisissons pour nous gouver» ner. Régnez, vous et vos enfans, sur nous et sur no» tre postérité. Si, par ce funeste penchant au mal plus » naturel aux rois encore qu'aux autres hommes, vous » veniez à vous servir contre nous de la puissance qui » vous est remise pour un tout autre usage, nous élè» verions des plaintes; nous vous adresserions avec » respect nos représentations ; nous essaierions de » vous ramener de vos écarts. Cependant nous n'ar» merions pas aussitôt nos mains contre vous ; car » nous sommes indulgens pour la faiblesse humaine, » et nous attendons le repentir. D'une autre part, nous » n'ignorons pas ce que coûtent les révolutions. Mais » si la mesure de nos maux se comblait ; si vous éten» diez sur nous vos chaînes ; si nous voyions charger » de fers, massacrer nos frères, nos parens, nos en» fans et nos femmes, chasser ou tuer nos prêtres, » profaner ou détruire nos temples : alors, placés en» tre deux nécessités terribles, nous saurions laquelle » préférer. Dans ces cas, la révolte est permise : dans » la plupart, elle est le plus saint des devoirs. »

Exposer les deux doctrines, c'est les juger ; je n'ajouterai que quelques mots. Les royalistes vont répétant sans cesse : Il n'est pas permis de violer l'autorité royale. Dans l'intérêt de qui parlent-ils ? Dans celui des rois eux-mêmes ? Mais les peuples ne sont pas faits pour les princes ; et puis ceux-ci n'ont qu'à faire un bon emploi de leur pouvoir. Parlent-ils dans l'intérêt des nations ? Mais je ne vois pas comment le bien d'un peuple peut être qu'il se laisse réduire en servitude, ruiner, décimer, écraser. Un pouvoir que l'on reprend, objectent encore les royalistes, n'est pas un pouvoir héréditaire. C'est comme s'ils affirmaient qu'une loi n'existe plus, parce qu'elle souffre une exception ; comme s'ils soutenaient qu'un principe est absolu. Le principe héréditaire ne fait que passer à une autre race. Prétendra-t-on que cela suffit pour qu'il périsse. Mais cette assertion n'est pas vraie : déjà, trois fois, il s'est ainsi transporté d'une famille à l'autre, des Mérovingiens aux Carlovingiens, des Carlovingiens aux Capétiens. La mort aurait-elle plus de privilége qu'une nation ? Dira-t-on qu'il faut le consentement de celui qui possède actuellement le droit royal ? Ce n'est que cela ! Le remède est bien facile : faites abdiquer Henri V. Charles X a bien fait à la France le sacrifice de la couronne ; Louis-Antoine a bien suivi le noble exemple de son père. Que le jeune roi soit aussi magnanime ; qu'il ait pitié de la France, puisqu'il ne peut pas remonter sur le trône à l'amiable. D'ailleurs, est-ce un si grand bonheur de régner ! — Vous riez de ma naïve bonhomie. Eh ! mon Dieu ! qui vous demande la renonciation de votre roi de Bohême ! Je n'ai voulu que vous pousser à la renverse sur votre dernier retranchement, et montrer que la logique, à laquelle vous faites tant d'appels, chaque fois accourt pour vous confondre.

Des faits dans la société.

Il est temps enfin d'aborder de front cette théorie des faits qui se rencontre souvent sur nos pas. Elle est le cheval de bataille de M. de Châteaubriand ; elle constitue l'essence de toutes ses oraisons pour les princes exilés. Il l'a énoncée dans ces passages de *la Restauration et la Monarchie élective* : « Moi, je ne crois point au droit divin, mais je ne crois pas davantage à la souveraineté du peuple. — Je ne crois ni aux peuples ni aux rois ; je crois à l'intelligence et aux faits qui composent toute la société. » M. le comte de Jouffroy a dit aussi, en termes plus clairs et plus précis, dans l'*Avertissement aux Souverains* : « L'ordre (légitime) n'est autre que le droit dérivant des faits antérieurs : son objet est la conservation des individus et des propriétés, tels qu'ils existent. »

Selon M. de Châteaubriand, le pouvoir ne peut naître que des votes du peuple. Pour que la couronne soit légitime dans son principe, besoin est que la nation convoquée en fasse le don, et il n'y a pas de droit divin. Mais, le pouvoir une fois établi, on doit laisser de côté le suffrage universel, la souveraineté du peuple. La volonté d'une nation, surtout d'une nation légère, est ambulatoire ; elle pourrait varier d'année en année, et ramènerait la barbarie. Il faut que le principe de l'ordre soit perpétuel dans une famille perpétuellement gouvernante. C'est par ce procédé que la France était arrivée à une situation telle, qu'il ne s'en peut imaginer de meilleure. Une famille régnait depuis mille ans ; elle était le pouvoir incarné ; elle en reflétait l'image sous une forme antique, traditionnelle, sacrée, à laquelle nul n'aurait osé toucher sans croire commettre un sacrilége. Autour de cette race convergeaient et les faits et les volontés. Elle était un vieux et robuste tronc auquel tout s'attachait, un point d'appui, une base pour toutes les parties du corps social. Cette base, ce tronc, ce point d'appui, on les a enlevés; la société a craqué, s'est disloquée; l'Europe et le monde en ont tremblé. Combien de temps faudrait-il à la France pour se recomposer un pouvoir, une légitimité, pour rejoindre l'édifice! Et pourtant nous nous trouvons dans une passe d'ébranlement universel, de commotion générale! Il n'est qu'un remède: que l'on se hâte de rappeler Henri V.

Il est à remarquer que la plupart de ces idées de M. de Châteaubriand sont aussi celles des libéraux, j'entends les libéraux monarchistes. Comme lui, ils sont opposés au suffrage universel, et trouvent que la souveraineté du peuple, interprétée dans ce sens, est la *souveraine sottise*. Le gouvernement le plus légitime est, non pas celui qui s'amuse à recueillir des voix, mais celui qui cherche et fait le bien de tous. Aux raisons déduites ils en ajoutent d'autres. Le suffrage universel, disent-ils, est une voie très-fallacieuse pour découvrir la volonté sincère des citoyens. Les républicains réclament ce mode, et les royalistes le repoussent, parce qu'il conduit à la démagogie. A leur tour, les royalistes proposent le vote universel, et les républicains le rejettent, parce qu'il placerait le peuple sous des influences aristocratiques et théocratiques. Les uns et les autres avouent donc que la France n'est ou pas assez éclairée, ou pas assez sage, ou pas assez indépendante. Le mieux est de prendre les faits, c'est-à-dire, les intérêts pour guides, et le seul point essentiel consiste à leur ouvrir des issues par où ils se produisent au grand jour, à forcer ensuite le gouvernement à les satisfaire. Voilà pourquoi nous créons des Chartes, des corps électoraux nombreux, des chambres, des conseils de commune, d'arrondissement, de département, la liberté de la presse, le droit de pétition, etc. Telle est la route à suivre dans les temps ordinaires, dans l'état normal de la société.

Quant aux époques de crise, continuent les libéraux, les mêmes règles trouvent leur application, elles acquièrent une nouvelle force ; mais il y en a d'autres à suivre. La société renferme deux grands faits, qui résument tous les autres et les embrassent sous leur sauvegarde : le pouvoir et la liberté. Lorsque ces deux faits, se séparant, en viennent aux mains, et se déclarent une guerre à mort, les intérêts de la société se rangent du côté du fait attaqué. Si elle se jette la première sur le pouvoir, la liberté n'est plus que l'anarchie : il est juste que le pouvoir l'emporte, et l'on court à son aide ; s'il se rue sur la liberté, le pouvoir n'est que le despotisme : il est équitable que la liberté triomphe, et l'on vole à son secours. Le dernier cas s'est réalisé en 1830 ; le pouvoir provocateur a été vaincu, et il devait l'être. Aussitôt la tourmente passée, force a bien été cependant de le reprendre ; car il est indispensable. Or, quel parti choisir ? Assembler la nation pour s'informer si elle désirait la république ? Mais, outre que la chose n'était pas aisée, pourquoi supposer que la France ne voulait plus ce qu'elle voulait la veille, ce qu'elle avait toujours voulu, ce qui rentrait dans tous ses plus grands intérêts du moment, ce qui est bon en lui-même ! On a donc rappelé le même pouvoir, la royauté héréditaire, et il n'était pas besoin de consulter la nation pour cela. Il est vrai que l'on n'a pas rendu le pouvoir à Charles X, qui venait de s'en faire une arme si terrible ; mais il y aurait eu folie :

il n'était pas du tout besoin de faire dire à la nation son avis là-dessus. Il est vrai encore qu'on a écarté le duc de Bordeaux ; mais il offrait les mêmes dangers. Henri V eût été toujours ce principe hostile et menaçant, constamment suspendu, comme l'épée de Damoclès, sur la tête de la France, parce qu'il voulait tout dominer ; Henri V eût été cette restauration perfide, qui, caressant la liberté, et lui jurant fidélité éternelle, ne guettait que l'occasion de s'en débarrasser en l'étouffant ; Henri V eût été Charles X derrière une gaze. La nomination de Louis-Philippe n'a été qu'un changement de personnes, et les personnes ne comptent pour rien, les principes comptent pour tout, comme on le rabâche. En 1814 et en 1815, on a bien transporté le pouvoir de Napoléon à Louis XVIII, et sans suffrage universel, quoique Napoléon fût légitime (1) : on ne s'arrêta pas à une personne, à un *Français de plus* ou de moins.

Au reste, la volonté nationale, ce sont toujours les libéraux qui parlent, la volonté nationale ne s'est-elle pas, en 1830, manifestée par des signes éclatans? Bien loin de lui avoir fait violence en excluant l'enfant innocent du miracle, qui peut contester, autrement que par des phrases, qui peut calculer les résistances qu'aurait rencontrées l'appel du duc de Bordeaux au trône, et les calamités qui s'en seraient suivies ? Sans doute, il est très-fâcheux de chasser une antique famille, pour la remplacer par une toute fraîche ; sans doute, c'est un grand malheur d'affaiblir ainsi l'autorité déjà si

(1) M. de Châteaubriand, dans son écrit sur le *Bannissement des Bourbons*, a dit en propres termes, que le duc de Reichstadt était tout aussi légitime que le duc de Bordeaux.... *Quantùm mutatus ab illo*! Quelle différence entre M. Châteaubriand d'aujourd'hui et M. le vicomte de Châteaubriand de 1815 !

dépréciée. Mais à qui ce malheur doit-il être imputé? d'ailleurs, était-il évitable? Le mal fut consommé dès l'instant que la couronne tomba du front de Charles X. Que les Bourbons aient été dépouillés pendant vingt-quatre heures, ou qu'ils le demeurent toujours, l'effet est le même. La légitimité ne vit que de prestige; elle ressemble aux dieux, a dit M. de Rivarol : le premier coup frappe la divinité; le second ne porte plus que sur un marbre insensible. Est-il vrai, ensuite, que les Bourbons fussent l'objet d'une vénération religieuse et séculaire? Est-il vrai que mille ans de respects, de souvenirs et de gloire se nouassent à leur tête? Avait-on oublié les cent-jours, et Louis XVI? Les descendans de Capet ne dataient plus que de 1815. « Napoléon avait marché plus vite que toute une lignée : haut enjambé, dix ans lui avaient suffi pour mettre dix siècles derrière lui. Sa puissante charrue avait profondément labouré le sol de la France. » Avant lui, la révolution, plus haut enjambée peut-être, avait mis encore plus de siècles derrière elle; elle avait bien labouré aussi. A leur entrée, les Bourbons étaient séparés de la nouvelle France par un abîme de plus de deux mille ans, et ce n'est pas dans quinze, quand on est basset, que l'on regagne autant de terrain perdu : il faut plusieurs siècles aux petites tailles, comme dit poétiquement le chevalier armoricain de Henri de Béarn.

Telles sont et la doctrine et l'argumentation des libéraux : elles me paraissent assez inattaquables pour M. de Châteaubriand. Il nous a bien assuré que, sous Henri V, on aurait facilement dompté les veneurs, les douairières, les inquisiteurs et les publicistes de Saint-Germain et de Fontainebleau; mais ce n'est pas très-clair : ce sont gens qui ont donné de la tablature à beaucoup de monde. Il nous a affirmé encore qu'un prince déchu est bientôt plongé dans la solitude. — Pas si vîte. Est-ce que Prague est désert? est-ce qu'il n'y a plus de carlistes, d'antonistes, d'henriquinquistes et autres ? Cela viendra peut-être, car on se lasse de tout, même d'espérer. Serait-ce pour prendre les devans, qu'en rien il n'a jamais cédés à personne, que M. de Châteaubriand passe à la république ?

Après avoir essayé de vider le débat entre les royalistes et les libéraux, il reste celui entre les libéraux monarchistes et les républicains. Cette seconde tâche ne sera pas aussi longue, puisque, entre les deux fractions, le principe est le même.

DE LA RÉPUBLIQUE.

Tous les libéraux conviennent que le vœu de la France, en 1830, sanctionna la royauté de Louis-Philippe. Si certains ont demandé un congrès national, c'était uniquement afin de donner un plus éclatant relief à la volonté des citoyens, afin d'écarter plus sûrement du pouvoir les attaques et les résistances. Les républicains, à la vérité, affirment que, depuis, un grand changement s'est opéré dans les esprits : mais ils ne vont pas jusqu'à prétendre que l'assentiment de la majorité se soit retiré du nouveau monarque. Ils se contentent de soutenir que ce moment approche. Le roi, d'après eux, est complètement rentré dans l'ornière de la restauration; il n'a pas même changé les draps de lit des Tuileries. Il fait des sottises; il comble le déshonneur de la France, il commet des attentats énormes, dont le principal, sans doute, est de se défendre contre les républicains. Comment une nation aussi éclairée serait-elle longtemps dupe! Comment, jalouse à l'excès de l'honneur et de la liberté, souffrirait-elle qu'on les lui ravisse! D'autant mieux, les républicains se sont chargés de lui dessiller entièrement les yeux; ils y travaillent avec zèle et sans relâche. Ainsi, l'heure de la république arrive à grands pas. — Pour mon compte, quand elle sera venue, je saurai me soumettre : partisan de la souveraineté du peuple, je subis les arrêts du peuple. Seulement, peut-être alors il y aura permutation de rôles; peut-être tenterai-je, à mon tour, de ramener la nation de son égarement. En attendant, je n'emploierai pas contre mes adversaires et le chef de l'état, un système de dénigrement et de calomnies poussé jusqu'à un cynisme délirant : je ne me jouerai pas de la justice; je ne défierai pas les magistrats sur leurs siéges; je ne leur répondrai pas par des apostrophes grossières et des coups de fusil. Je ne porterai pas le trouble en tous lieux; je n'allumerai pas la guerre civile, et n'assassinerai pas les défenseurs de la république dans les rues. Je n'appellerai pas sur les villes la dévastation et la ruine. Les armes dont je me servirai, seront avouées par la raison et la justice.

La république! Et qui, plus que moi, est épris de la beauté d'un tel gouvernement! Qui, plus que moi, s'extasia devant cette Rome si grande, devant cette Grèce si brillante! Qui envie plus que moi la vie paisible de la Suisse et des Etats-Unis (1). Mais qu'êtes-vous, Français, pour parler de république ! Vos mœurs sont-elles graves et austères, votre désintéressement, complet; votre patriotisme, ardent, votre dévoûment, sublime ! Ce nom sacré va mal dans votre bouche. Ne voyez-vous pas vos misères ! N'apercevez-vous pas cet égoïsme qui ne se cache plus, cette vanité, ce luxe sans bornes, cet amour des plaisirs et de tous les biens matériels, cette cupidité qui ne se laisse point assouvir ! C'est pour cela même, répondrez-vous, que nous avons besoin de la république : elle doit nous régénérer. — Vous êtes-vous donc persuadés que sa présence seule vous guérirait, par un miracle subit, comme les royalistes s'imaginent que l'apparition de leur légitimité rendrait, à l'instant, le pays tranquille et prospère ? Mais dans ces rangs républicains qui déjà se sont formés, montrez-nous les Caton qui foisonnent; désignez-nous leurs Cincinnatus; indiquez-nous leurs Brutus. Croyez-vous qu'on n'aimera plus les places, lorsque la moisson en reparaîtra tous les trois ou cinq ans ? Etes-vous sûrs que la vénalité, ce monstre hideux, qui rôde autour des trônes, s'éloignera du fauteuil républicain ? Elle qui assiége les rois permanens, ne s'agitera-t-elle pas autour de ces présidens éphémères, dont la main, se remplissant et se vidant sans cesse, sera une source intarissable de tous les biens, objets de la convoitise ? Pensez-vous que ces magistrats suprêmes seront toujours des anges ? que leur élection sera pure de cabale, parmi vous, où tant d'intrigues

(1) Je devrais dire, peut-être, la vie passée des États-Unis et de la Suisse.

sont en jeu pour la nomination d'un caporal de garde nationale ? Commencez par réformer vos mœurs; redemandez la vertu aux cieux qui l'ont retirée ; reprenez une religion, rappelez des dieux, car vous n'en avez plus ; chassez, si vous pouvez, cette soif de l'or et des honneurs, déjà si ancienne dans l'humanité : ouvrez ensuite à la république. Dans cette noble entreprise, y a-t-il une part de travail pour moi ? Puis-je quelque chose ? je suis prêt à tout faire. Faut-il des sacrifices ? Demandez sans crainte : si mon sang est utile, disposez de mon sang jusqu'à la dernière goutte.

CONCLUSION.

Le créateur nous mit à l'entrée de deux routes, celle du bien et de la vérité, celle du mal et de l'erreur. Il nous prescrivit de nous attacher à la première, d'éviter la seconde. Lui seul a pu nous imposer un tel ordre ; car lui seul, par son infaillibilité, distingue, d'une manière sûre, le juste de l'injuste, le vrai du faux. Au surplus, il nous laissa le libre arbitre, et, à part le commandement moral, toute barrière fut également levée pour nous sur l'un et l'autre chemin. Ce que Dieu a fait, il n'appartient à personne de le défaire. Ainsi, nous sommes libres sous le rapport de notre intelligence. Mais l'intelligence, c'est tout l'homme : le corps n'est qu'un instrument mis au service de l'esprit. Notre franchise est donc complète. Nul ne peut prendre, ni un pouvoir coercitif, ni une autorité quelconque, ou sur l'homme isolé, ou sur la société, si la société, si l'homme n'y consentent. Il ne reste que le joug volontaire du commandement de l'Eternel, soit qu'il l'ait seulement imprimé dans nos ames, soit qu'il l'ait confié à une église. M. le comte de Saint-Roman a très-bien résumé ces vérités dans une lettre à la *Tribune*.

La liberté, tel est le fond de mon écrit. Si l'on est réduit à prouver le plus noble attribut de notre nature, ce n'est pas ma faute. Si j'ai parcouru des questions fastidieuses, ridicules, surannées, j'ai cru, pour abattre la jactance insolente des ennemis de la liberté, devoir ouvrir à deux battans leur arsenal gothique, et montrer à tous les regards leurs vieilles armes que la rouille a consumées. J'ai établi qu'une nation n'a d'autres maîtres que ceux qu'elle se donne. La suite de mes déductions m'a conduit à reconnaître la volonté du peuple français dans Louis-Philippe. Je le déclare donc : Louis-Philippe est mon souverain.

Peut-être trouvera-t-on quelque courage à proclamer ce résultat. Et qu'est-ce qui m'en empêcherait ? La crainte des sarcasmes ? Mais la pointe en est désormais émoussée. Les injures dont on couvre l'élu de la nation ? A qui ne les prodigue-t-on pas ! Quelle tête y échappe ! Qui épargnent les royalistes ! Vous-mêmes, libéraux, qui respectez vous jusqu'au milieu de vos propres rangs ! Dans un temps de douloureuse, mais grande mémoire, la France était près de périr sous les coups de ses ennemis. Dans sa détresse extrême, quelques hommes accoururent. Saisissant d'une main le glaive de la guerre, de l'autre la hache du bourreau, ils exterminèrent les impies, et la France fut sauvée. Eh bien ! les débris qui restent de cette phalange, quel sort leur avez-vous réservé ! Plus tard, la gloire assit son trône sur notre pays. Autour d'un guerrier dont le nom domine tous les âges, brillèrent d'autres guerriers, ses compagnons, ses lieutenans, ses amis, à qui, lui, distribuait les brevets de la bravoure et de l'honneur. Eh bien ! comment avez-vous traité les demeurans du siècle des prodiges ! Ensuite vinrent des jours tristes et nébuleux. La liberté seule luttait à peine : ses défenseurs étaient déjà presque tous disparus. Ne craignez pas néanmoins que ceux qui ont échappé, désespèrent. Debout aux Thermopyles, le bataillon décimé contiendra les barbares ; que dis-je? il renversera leurs masses furieuses. Eh bien! qu'avez-vous fait des héros! L'un, soldat moins favorisé, tomba sous la fatigue du combat, avant l'heure de la victoire; la France reconnaissante lui dressa un tombeau. Vous vous êtes approchés du monument; vous avez ouvert la pierre qu'avait scelée la pieuse main de la patrie, et l'illustre cendre est empreinte de vos souillures. Un autre, plus heureux, avait vu le jour du triomphe. Aussitôt vous l'avez abreuvé d'amertume. Nouveau Socrate, il reçut de vos mains la coupe de la ciguë, et votre rage le poursuit jusque dans ce champ de repos, où la mort, moins inexorable que vous, lui avait préparé un asile. Cet incomparable citoyen lui-même, qui vient aussi de descendre au sépulcre, ce héros de la vertu, ce Washington de l'Amérique et de l'Europe, Lafayette, n'avez-vous pas craché sur sa vénérable figure! Et vous voulez encore que quelque valeur s'attache à vos outrages!

Naguère les Français, provoqués par cent peuples, vêtirent l'uniforme, et ceignirent leurs armes. Ils se mirent à parcourir le monde, cherchant de tous côtés leurs ennemis, livrant partout des batailles, et, dans leurs élans rapides, lassant même le vol de la victoire. Aujourd'hui, armés d'une casserole, ils font des charivaris au coin des rues, de communauté avec des animaux ignobles (1). Leur camp est une halle : ils guerroient sur la grossesse d'une femme ou sur un crieur de journal en souquenille. La sale plume des écrivailleurs a remplacé le sabre d'Austerlitz et de Marengo, et la voix d'avocats bavards

(1) On se rappelle l'histoire des ânes d'Estagel.

bourdonne seule aux lieux d'où crépitait la foudre. O France, ô ma patrie, n'es-tu donc rien que dans la guerre ! ou bien quelque souffle sinistre a-t-il frappé tes enfans, et transformé ces géans des combats en misérables insectes s'entre-battant dans la boue !

Les hommes sont petits, a dit un brillant écrivain. Cela est vrai; vous-mêmes qui le proclamez, prenez garde à vous; c'est un mal qui se communique. Les hommes sont petits, a dit un poète sublime. Cela est vrai : certes, pour le voir il n'était pas besoin d'aller sur le Liban et au pied de ses grands cèdres. Oui, les hommes sont petits, très-petits; le regard attristé se détourne de la scène où se joue leur pitoyable drame... Mais un cri s'est fait entendre. Voyageurs égarés sur des mers lointaines, le mot *Terre ! Terre !* a frappé nos oreilles. Voyez ces beaux rivages ! Voyez cette aurore qui se lève dans un ciel nouveau ! — Heureuses vigies, ah ! merci mille fois à vous ! Mais, je vous en supplie, répétez *Terre ! Terre !* Achevez de me rendre l'espérance.

FIN.

www.ingramcontent.com/pod-product-compliance
Ingram Content Group UK Ltd.
Pitfield, Milton Keynes, MK11 3LW, UK
UKHW032009260826
14628UKWH00005B/2366

9 782011 763839